A MADAME DV
R O V L E T.

MADAME,
pour aucunement satisfaire
a ceste louable inclination
qui transporte voftre bel e-
sprit sur les aisles d'vn zele
Chreftien, à la lecture des hiftoires Sacrees:
Iay tiré le petit Thobie des pages de la fain-
cte Bible pour le presenter a vos yeux : Ie
croiray toutesfois que ie ne iette qu'vne gou-
te d'eau dans les flammes d'vne si ardante
deuotion, mais l'honneur & le respect que
vous apportez en ceste lecture, fera que i'e-
ftimeray mon prefent mieux digne de voftre
bon œil à caufe de fon fubiect. Car le gracieux accueil dont il vous pleuft me receuoir
a mon retour de Rome me le faict efperer,
& demeurer a iamais pour reuenge des o-
bligations que ie vous en ay:

Voftre Tref-humble feruiteur
IACQVES OPYI

SONNET A MADI-
TE DAME.

C'est à vous, c'est à vous seule a qui ie desire,
De consacrer le fruict & labeur de ces vers,
Beaucoup vous meritez, mais venant des desers,
Ie n'ay sçeu nullement meilleur subiet eslire.

Ma plume pourroit el plus belle chose escrire,
Que ce qu'elle a puisé dans les celestes mers
Du double Testament, eu l'on trouue des airs
Qui nous guident au ciel ou tout le monde aspire.

Thobie est mon subiet dont ie chante le los,
Thobie pere & fils en ces vers sont enclos,
Qui plains de charité nous donnent à congnoistre,

L'honneur que nous debuons porter au tout-puissant
Qui afflige souuent ceux qui va punissant
Ce discours amplement se fait icy paroistre.

AVTRE SONNET.

Ie veux chanter icy la vertu d'Azarie,
Qui allant en Ragez pour y trouuer Gabel,
Par le commandement du grand Dieu Eternel,
Changea bien tost son nom pour conduire Thobie.

Mais ie veux desplorer la grande facherie,
Qu'endura pour vn temps le pauure Raguel,
Qui voyant sept maris occis en son hostel,
Estoit bien estonné de si grande turie.

Et vous chere Sarra miroir de chasteté,
Anoncerez vous point que l'impudicité
De vos chastes espoux, a cause leur ruyne.

Confesserez vous pas que le lict coniugal
Est ordonné d'en haut, & que l'homme brutal
Merite d'esprouuer la iustice diuine.

THOBIE:
TRAGI-CO-
MEDIE NOV-
VELLE.

Tirée de la S. Bible, par I A C Q V E S
Ouyn Louerien.

Dediee à Madame du Roulet.

A ROVEN,

DE L'IMPRIMERIE,

De Raphaël du Petit Val, Libraire & Imprimeur du Roy, deuant la grand porte
du Palais, à l'Ange Raphaël.

1606,

Auec Priuilege de sa Maiesté.

(4)

SONNET
A MADAME DV
ROVLET.

Prosopopée de l'Autheur
a son Liure.

TV déurois estre sage aux despens de Tobie,
Liure qui vas errant dedans cet vniuers,
Si l'Ange n'eust guidé Tobi' dans les desers
Il y eust esgaré & son corps & sa vie.
Mais non (liure) tu doibs d'vne sainte furie
Te rendre les chemins plus reclos, plus ouuers,
Car vn Ange guidant le Tobi' de tes vers
Te sçaura mener droit aux desers de l'enuie.
Iadis l'Ange du ciel prist vne forme humaine
Pour conduire Tobie, & celle qui te maine
De femme qu'elle estoit deuient Ange des cieux.
Le Thobie animé d'vne viuante flame
Et le mien qui ne vit que par vous (ô Madame)
Seront doncque guidez par vn Ange tous deux.

Allusion sur le Thobie, imprimé
par Raphaël du Petit Val, & le Tobie
conduict par l'Ange Raphael.

STANCES.

Raphaël a iuré de conduire Thobie
Et Thobie a iuré de suyure Raphaël,
Vous les croyez, tous deux compagnons en leur vie
Vous les voyez, tous deux compagnons dans le ciel.

En viuant icy bas (si les Anges y viuent)
Thobie & Raphaël coururent mesme sort
Ils sont si bien vnis qu'encor leurs noms se suyuent
Sans pouuoir separer l'alliance en leur mort.

Aux Thobies qui sont d'vne diuerse sorte,
Les Raphaelz qui sont en essence diuers:
Ont rendu la lumiere a leur lumiere morte
Le premier pour le corps le second quant aux vers.

Quand Thobie priué de la belle lumiere,
Tristement regrettoit la perte de ses yeux,
Il reçeut les rayons de sa clarté premiere
Par l'Ange Raphaël qui descendit des cieux.

L'histoire de Thobie ou Thobie en histoire.
Aueuglé dans l'amas du Testament premier.
S'exposant aux rayons du soleil de memoire
Par l'autre Raphaël prend des yeux de papier.

Et par ces yeux graués auec vn carractere,
L'vniuers il va voir faisant voir en ses vers,
Le Tobi' dont le corps & la cendre legere
Furent ia ia long temps deuorés par les vers.

I. D. H.

ARGVMENT.

Pres que Thobie euſt
entendu que Senna-
cherib Roy des Aſſy-
riẽs euſt eſté occis par
ſes meſmes enfans dans le temple
de ſes Dieux , il ſe reſolut de re-
tourner en ſon pays : auquel e-
ſtant arriué , il commanda a ſon
fils d'inuiter quelques vns de ſes
parens , pour venir ſouper chez
eux, ſi bien que ſon fils les venans
de ſemondre , trouua vn corps
mort giſant ſur la terre le racom-
ptãs a ſon pere qui tout auſſi toſt
ſe delibere quiter parens & amis
pour l'enſeuelir, ne deſiſtant telle
œuure pour quelque iniure ou
menace qu'on luy fiſt , tellement
eſtant laſſé , & voulant ſe repo-
ſer, s'endormit au long d'vne pa-
roy , lors du Nit des Arondelles
tomba quelque fiente chaude ſur

ſes yeux, qui le rendit aueugle,
dequoy eſtant triſte commence
a geſmir, confeſſant neantmoins
que Dieu eſtoit iuſte, deſirãt plu-
toſt mourir que viure, or en ce
meſme tẽps la les nouuelles luy
viennent que ſa Niepce Sarra e-
ſtoit en grand' peine d'autant que
l'eſprit malin, nõmé Aſmodeus,
luy auoit eſtranglé ſept maris dés
leur premiere nuict : quelques
iours apres ſe voyant reduit pauure en biens terriens, ſe reſoult
d'enuoyer ſon fils Thobie vers
Gabelſõ parẽt qui demouroit en
Rages cité, pour recouurir pay-
ement de dix tallens qui luy auoit
preſtez ſur cedulle, luy commandant ſy la mort le prenoit d'auoir
ſoing de ſa mere, ſurquoy ſon fils
le conſola en luy diſant qu'il ne
ſçauoit pas le chemin, ſi bien qu'il
trouua vn meſſager qui le cõduiſt
heureuſement, le déliurant d'vn

poiſſon qui luy fit grãd'peur, mais
l'Ange l'aſſeurant luy commanda
l'enfondrer, & d'en tirer le foye,
le fiel, & le cœur : Ie dirois bien
comme Thobie le Ieune demãda
à Azarie à quoy pouuoient ſeruir
les tripailles de ce poiſſõ, auſſi cõme ils arriuerent chez Raguel,
meſme du mariage auec Sarra, &
des regrets du bõ homme le pere
en l'abſence de ſon fils , mais cela
eſt narré dedãs l'acte de mes Dames des Roches, laqlle dicte Acte
iay apropriee en ſon rãg quatrieſ-
me, qui m'a à la verité beaucoup
ou plus couſté à enter, que ſi ie ne
l'euſſe iamais veuë. Ie diray donc
cõme l'Ange alla en Ragés trouuer Gabel, lequel vint luy meſme
voir le Ieune Thobie chez ſõ
beau-pere, pour luy rẽdre l'argẽt
qu'il luy debuoit : Ie diray auſſi la
ioye que le bon homme Thobie
reçeut, quand il vit ſon fils & cõ-

me ils diſputoïent de contenter
l'Ange, péſant qu'il fuſt quelque
hóme, & des propos que l'Ange
leur tint de ſon eſuanouiſſement
qui les eſtonna tellement qu'ils
cheurét ſur leurs faces. beniſſant
Dieu lequel ie ſupplie nous aſiſter
de bons anges pour nous có duire
le lóg. du pelerinnage de ceſte vie,
paruenans au Royaume ſans fin.

LES PERSONNAGES.

THOBIE, *le pere.*
ANNE, *ſa femme.*
THOBIE, *leur fils.*
RAPHAEL, *Ange* dit Azarie.
RAGVEL.
ANNE, *ſa femme.*
SARRA.
LE VOISIN.
LA SERVANTE.
LE CHOEVR.

TOBIE PE-RE ET FILS TRA-GI-COMEDIE.

ACTE PREMIER.

Thobie le pere. Les Voisins. Thobie le fils. Anne femme de Tobie.

TOBIE le pere.

Pres que ce Tyran tout rempli de
    carnage,
A deseiché sur nous sa furibonde
    rage
Et qu'il a massacré tant de peuple
    Hebrieu
Despitant en tous lieux la puissance de Dieu
Le voila maintenant payé de son salaire
Grand Dieu conseille moy, de ce que ie dois faire
Dois-ie aller au pays? dois-ie icy demeurer?
Dois-ie voir a tousiours contre toy murmurere

Qu'en dites vous ma sœur? Il n'est que sa patrie,
Pour le moins l'on n'y voit aucune idolatrie:
Quelqu'vn de nos amis nous voyans despourueuz.
Aura pitié de nous si nos biens sont perdus,
Dieu le Dieu d'Abraham n'a borné sa puissance,
Aussi, ô tout-puissant, tu es nostre esperance,
Tu peux nous remplacer dedans nostre maison
Ayans esté chassez, non pour autre raison
De n'auoir obey aux Tyrans d'Assirie,
Qui m'ont rauy mes biens & recherché ma vie,
Tu peux par ta bonté, (ô souuerain Moteur,)
Nous mettre en liberté apres tant de malheur,
Tu fais quand il te plaist descendre la tempeste
Contre les Rois cruelz qui ton peuple molestent,
Ils te sont tous suiets, aussi bien comme nous,
Bien qu'ils ayent pouuoir de commander à tous:
Celuy qui composa d'vn beau rien tout le monde,
Peut-il pas renuerser le ciel, la terre, & l'onde,
N'est ce pas sa bonté qui rasserene l'air,
Et fait cesser les vents qui grondent sur la mer,
C'est pourquoy, Eternel, heureux qui suit la voye
De tes commandemens, & qui ne se fouruoye
Du sentier de tes loix, car c'est le vray chemin
Pour paruenir vn iour au Royaume sans fin,
Offrons luy nostre cœur, & auec reuerence
Confessons que nos maux procedent de l'offense
Faite contre son nom, il est Dieu d'équité,
Et crains que ne l'ayons grandement irrité,
Nous sommes tous pecheurs, & nul ne pourra dire
N'auoir iamais failly, car sommes enfans d'ire,
Nous meritons à droit les iustes chastimens,
Pour n'auoir obserué les sacrez mandemens:
Mais quoy? apres auoir souffert tant de miseres.
Nous voicy reuenus au terroir de nos peres.

Mon fils ie voudrois bien inuiter nos amis
A banqueter chez nous, allez, c'est mon aduis,
Despeschez de prier ceux de nostre lignee,
Car il est auiourd'huy vne sainte iournee.

Les Voisins de Thobie le vien-
nent veoir.

Dieu vous gard' mon voisin, benit soit le beau iour
Qui me fait maintenant croire vostre retour,
Comment? d'ou venez vous? contez moy ie vous prie
De quel lieu, quel pays, depuis vostre partie
Auez vous frequenté? chacun vous pensoit mort
Dequoy vous fachez vous? i'ay plus de reconfort
Puis-que ie vous reuoy que de mon propre pere,
Vostre fils est bien sain, aussi est bien sa mere,
Ne vous attristez point.

Thobie le pere.
Tous mes biens sont perdus.

Le Voisin.
Ne croiez pas cela, Ils vous seront rendus.

Thobie le ieune, reuient
Pere, l'vn m'a promis d'vne amiable sorte,
De venir a ce soir pour l'amour qu'il vous porte,
Mais vous ne sçauez pas, comme en m'en reuenant
I'ay trouué vn corps mort sur la terre gisant,
Et croy qu'en l'a occis.

Thobie le pere.
Mon Dieu, comment iray ie!
I'ay mon parent chez moy, si pourtant l'osteray-ie
Quant-ie deurois quiter & parens & amis
Il faut des ce iourd'huy qu'il soit en terre mis.

Son parent arriue.
Soyez bien reuenu mon Compere Thobie,
Vrayment ie ne pensois iamais vous voir en vie,

Dieu sçait combien de fois ie vous ay regretté,
Et combien vostre fils chez moy ay souhaitté.

Thobie le pere.

Ne parlons de çelà, quittons la facherie,
Mon fils, donne à lauer, & lauons, ie vous prie.

Ils se séent en table, & au milieu du disner
il souuient au pere Thobie de ce
corps mort.

Pour Dieu permettez moy que i'aille seulement
Iusques icy aupres, & tout incontinent
Ie reuiens vous trouuer:

Le Voisin.

Quel important affaire
Le fait ainsi sortir! mon fils où ya ton pere,

Thobie le ieune.

Monsieur il est allé ainsi comme ie croy
Enseuelir vn mort qui m'a fait grand effroy
Reuenant de chez-vous?

Le Voisin.

Hé? n'at'il point de honte,
Ne craint il point l'Edit, s'il faut qu'on le rencontre
Ie parie sa perte:

Anne.

Las! i'en suis au mourir,
Il ne luy souuient plus qu'on la voulu occir
Pour le mesme subiect, dites luy ie vous prie,
Hé? n'est-ce pas a luy vne grand' vilanie
De vous quitter ainsi?

Le Voisin.

Vrayment il à grand tort.

De nous abandonner pour enterrer vn mort,
Mais ie l'entendz venir hé paix, ie vous enprie
Ie luy diray fort bien?

Thobie le pere.

Meßieurs, ie vous fupplye.
Au nom de l'Eternel, & du grand Dieu viuant
M'excufer, de ce que i'ay tardé trop long-temps.

Le Voifin,

Quelle mode eſt ce-cy? comment eſt-ce la chere,
Dont tu nous menaçois tout maintenant nous faire,
Inuiter ſes amis, pour ainſi les quitter,
A proprement parler, c'eſt, c'eſt les deſpiter.

Thobie le pere.

Grand Dieu, que ie ſuis las , & encore ma femme
Auecques mon Voifin, vont reputer a blaſme
L'œuure que tu cheriz (ô Eternel moteur)
Guide moy cependant que le ſommeil vainqueur
M'accable tout a coup:

Annè.

Voyez en quell' erreur,
Voyez en quel danger ceſt innocent nous iette,
Quoy? il ſemble à le voir que la mort il ſouhaitte,
Il ne s'enqueſte-point ſi ces corps ſont infaicts,
Et les prend ſur ſon col, ainſi qu'vn porte-faix,
Qui par les carrefours va chargé de fagotz,
Sans redouter en rien n'y priſons n'y cachotz:
Il me faira mourir, & pluſtoſt ie defire
Perir, que de r'encheir au malheur & martire
Auquel par trop long-temps nous auons demeuré.

Thobie le ieune.

Ma mere ce Tyran a eſté maſſacré
Qui nous haiſſoit tant?

Anne.

Mais c'est vn vitupere.
D'aller iournellement dans chaſque Cymetiere
Enfouir tant de corps, cela ne m'agrée point.

Thobie le ieune.

Il me ſemble à l'ouïr que quelque mal le point,
Helas! qu'auroit il bien? allons le veoir, ma mere.

Anne.

Mon mary, qu'auez vous?

Thobie le ieune.

Hé! qu'auez vous, mon pere.

Thobie le pere.

Helas (mon cher enfant) le ſupport de ma vie,
V'n oyſeau malheureux m'a la veüe rauie.
Qu'ay-ie fait contre toy (Moteur de l'vniuers),
Pour auoir ſi ſoudain perdu ces deux eſclairs,
Tu les auois plantez par ta ſeule parole
Au plus haut de mon chef, pour contempler le rôle
De ta diuinité, donc ie ne verray plus
Ce beau ſoleil qui faict que les praiz ſont veſtus
De ſi belle coûleur, raieuniſſant la terre:
Helas (ô Eternel) touſiours apres la guerre,
L'on eſpere la paix, & moy ſeul malheureux,
Qui a peine es ſorty des mains de tes haineux,
Penſant eſtre eſchappé de leur cruelle rage
I'endure encor du mal & ſouffre dauantage
Toutesfois (mon Seigneur) ie te pri' garde-moy
De murmurer iamais contre ta ſaincte loy.

Anne.

Ne diſois-ie pas bien, voyez comme il endure,
Tu ſçauras maintenant ſi ton Dieu aura cure

De ton affliction, il t'euſt trop mieux valu.
Garder tous tes moyens, (ô pauure deſpourueu,
Quand tu auois des biens tu en faiſois prodigue,
Part, aux neceſſiteux, qui paſſoient par Ninyue,
Maintenant que tu es reduit en pauureté,
Nul ne s'informera de ta neceſſité:
Voila tes braues faicts.

Thobie le ieune.

Helas ! pour Dieu ma mere,
N'accroiſſez par vos dicts, les douleurs de mon pere,
N'auez vous point d'horreur, craignez, helas crai-
gnez,
Que les propos picquants leſquels vous eſlancez
Contre voſtre mary, ne vous portent dommage,
Quittez ces vains diſcours.

Anne.

Mais s'il euſt eſté ſage
Il n'euſt pas diſſippé ſon bien comme il a fait.

Thobie le ieune.

Touſiours vn œuure bon demeure ſatisfaict.

Anne.

Qu'ell' œuure mon enfant , maintenant que nous
ſomme
Denuez de tout bien, que faira ce pauure homme.

Thobie le ieune.

Ma mere, ayons eſpoir au grand Dieu ſouuerain,
Car il peut conuertir ces pierres en du pain,
Iuy qui par tant d'anées dans les deſertz ſteriles,
Nourrit par ſon pouuoir dès hommes tant de milles,
Pourra-t'il point nourrir voſtre ſeule maiſon?
Ie vous ſupplie ayez recours à ſon ſainct nom.
Et vous verrez comment ſes faicts ſont admirables
Et comme en dillayant ſes mains ſont ſecourables.

ACTE SECOND.

Thobie le pere.   Thobie le fils.
          Anne sa mere.

THOBIE le pere.

Eigneur ie recognois que ta main li-
          berale
Souftient le iufte poix & ta grandeur
          Royale
En tous lieux se faict voir, ie sçay que
          i'ay peché
Deuant toy mille fois, mais quoy eftant taché,
Tu me peux nettoyer de milles immondices,
Que le maudit serpent caufa par ces malices.
Tu peux (ô Eternel) par ta feule vertu,
Ranimer vn efprit que la mort a vaincu,
Et rien à ta grandeur ne fe trouue impoffible,
Pardonne auffi Seigneur à ma pauure famille
I'efpere ainfi que Iob à pres tant de tourments,
Receuoir guarifon par tes facrez moyens:
Nous fufmes expulfez de tous nos heritages
Pour l'amour de ton nom, endurant mil' outrages,
Puis tu nous renuoyas en ce pays icy
Prendre poffeffion de tout ce que voicy.
Tu as cogneu mon cœur, ô Dieu des exercites
Tu le congnois encor,

Thobie le ieune.

Qu'est-ce qui vous incite
Mon pere, à larmoyer, ne vos attristez tant
Vous me faictes mourir, si ie suis vostre enfans
Appaisez ces douleurs, l'immuable puissance
Vous pourra deliurer plustost que l'on ne pense.

Thobie le pere.

Mon fils i'ay grand besoing de sa misericorde,
Il est vray qu'a part moy tousiours ie me recorde
Qu'il est Dieu d'equité, & que quelqu'vn de nous
Peut auoir grandement enflammé son couroux:
Si c'est pour nos pechez donne nous patience,
Sy c'est pour esprouuer ou pour voir l'esperance.
Que nous auons en luy, tousiours ses mandements,
Sont solides & sains, comme vrais firmaments.

Anne.

Ce n'est pas sans raison que mon mary se fasche
D'auoir perdu les yeux, mais helas que sera-ce,
Quand il orra parler de tout ce qui c'est faict,
La nuict qui l'aueugla, pensez vous quel regret:
Il aura entendant la plus triste nouuelle
Dont iamais on parla voire & la plus cruelle,
I'en tremble dans le cœur.

Thobie le ieune.

Ma mere taisez vous,
Si vous auez le soing de prolonger ses iours.

Anne.

Tousiours le sçaura t'il, n'est il pas veritable.

Thobie le ieune.

Il est vray mais aussi si cela n'est que fable,
En croyant de leger apres l'on s'en repent:
Differez quelque peu & vous verrez comment.

Le bruit diminuera, ou bien il pourra croiſtre,
Mais pour mon ſeul regard donnez moy à cognoiſtre
Ce qui eſt arriué.

Anne.

Mais quand tu le ſçauras
Ie ſçay ton naturel lors tu t'en faſcheras
Tu ne le ſçauras point.

Thobie le ieune.

Hé! ie vous pri' ma mere.

Anne.

N'en ſois ſi curieux.

Thobie le ieune.

Touſiours le populaire
S'aſſemblant à l'eſcart murmurent de Sarra,
Chacun en veut parler, que veut dire cela?

Anne.

Vrayment c'eſt la raiſon puiſque chacun murmure
Que ie te compte helas, de la triſte aduenture
Venue chez Raguel?

Thobie de ieune.

Deſpeſchez vitement
Oſtez moy de ſoupçon, oſtez moy de tourment.

Anne.

Cela ne pourra point t'oſter de fantaſie,
Car ceſt horrible faict mon ame crucifie.

Thobie le ieune.

C'eſt tout vn ie vous pri' de me le raccompter,

Anne.

Mais quand tu l'auras ſçeu que pourras tu penſer.

Thobie le ieune.

Rien, mais à tout le moins ie ſeray hors de doubte.

Anne.

Bien donc approche toy, mon enfant & m'eſcoute
Nous auons vn parent au pays des Medois.

Appellé Raguel, & entendre tu dois,
Qu'il à en sa maison, vne autant belle fille
Qui soit dans l'vniuers, voire & la plus habille
Qui soit dans le pays, on pourroit tournoyer
Les champs Heliseens parauant que trouuer
Fille qui luy semblast, & toutesfois, Thobie,
Elle à eu sept maris, qui tous ne sont en vie.

Thobie le ieune.

Comment c'est faict cela?

Anne.

L'on dit qu'Asinodeus
Les à tous estranglez, & en terre estendus.

Thobie le ieune.

Et ne parle t'on point de Sarra, ma Cousine.

Anne.

L'on dit qu'ell' n'a nul mal

Thobie le ieune.

Voyez quelle ruyne.

Anne.

Qu'en dis-tu mon enfant, le fairons nous sçauoir
A ton pere, auiourd huy:

Thobie le ieune.

Disons luy à ce soir,
Mais tous ces sept maris ditez moy, ie vous prie,
Ont ils eu de Sarra tous sept la compagnie?

Anne.

Non, l'on tient que pas vn ne luy a habité,
Et qu'ils aymoient Sarra pour la lubricité,
C'est pourquoy, l'Eternel ne trouuant nul d'eux digne,
N'a permis leur souffrir iouir de ta Cousine.

Thobie le ieune.

Que si cela est vray, elle doit bien loüer
Le Dieu du firmament, & quant & quant voüer
A son nom immortel, mil & mille canticques,

Maintenant congnoiſtront, tant d'infames lubricques
Combien Dieu eſt puiſſant, & combien ſon ſaint nom
Doit eſtre redouté, de toute nation.

Anne.

Il eſt vray, mon enfant, mais allons ie te prie,
A ton pere parler, de ceſte Tragœdie.

Thobie le ieune.

A quoy faire celà, ne luy en parlez pas?
Car vous avancceriez de beaucoup ſon treſpas,
Hé! le voudriez-vous raconter a mon pere
Bon Dieu gardez-vous-en, & taiſez-vous ma mere.

Anne.

Touſiours le ſçaura-t'il, ie veux l'oſter d'eſmoy,
Thobie ſçauez-vous-rien, que faites vous ſi coy.

Thobie le pere.

Comment ſçauez-vous-rien? quel bruit court il en

Anne.   (ville.

Ce que l'on va diſant ne vous eſt pas vtille,
Mais ne vous faſchez point, c'eſt qu'il court vn grand
Qu'a meſme heure, momét & à la meſme nuit, (bruit
Que ce meſchant oiſeau vous euſt rauy la veuë,
Voſtre Niepce Sarra ſe veid bien eſperdüe.

Thobie le pere.

Contez moy viſtement ſans me faire languir,
Dites donc quel mechef ou bien quel deſplaiſir
Y a chez Raguel,

Anne.

Ah! ie vous le vay dire,
Vn eſprit infernal a bien oſé occire
Sept marys à Sarra & les a eſtranglez
N'eſt-ce pas grand pitié?

Thobie le pere.

Grand Dieu, qui gouuernez
Par voſtre ſeul pouuoir le Ciel, la terre, & l'onde,

Et qui fistes d'vn rien c'este machine ronde:
Ayez pitié de moy, ie vous supplie Seigneur,
Mettez moy en repos, faut il qu'vn tel malheur
Rengrege mon tourment, ah! ie ne dois plus viure,
Mort approche de moy ie desire te suyure,
Que puis ie desirer maintenant icy bas
Puis que tout me conuie a chercher le trespas,
Aussi bien ie ne puis plus estre secourable
Aux paures indigens, ny aux morts pitoyable
Mon fils approche toy.

Thobie le ieune.

Mon pere me voicy
Mais pour l'amour de moy ne lamentez ainsi
Dieu est-il pas puissant pour vous rendre la veue
Ainsi qu'il a permis que vous l'ayez perdue
Sçauez vous pas que Iob fut n'aguere vexé
Plus que vous mille fois, mais se voyant blessé,
Il eut tousiours recours a la bonté supresme
Combien que ses parents se mocquoyent de luy mesme,
Il n'est iamais sorty de sa bouche vn propos
Sinon qu'a publier de l'Eternel le los,
Aussi chacun le voit restauré du dommage,
Que Sathan a si fort versé sur son mesnage,
Mon pere, excusez moy, i'augure en mon cerueau,
Qu'vn iour vous reuerrez ce lumineux flambeau
Et crois que pour le fait de Sarra ma cousine
Tous ces maris estoyent de l'espouser indigne.

ACTE TROISIESME.

Thobie le pere.   Thobie le fils.   Anne
sa mere.   Azarie messager.

THOBIE le pere.

V es tu mon baston, mon soulas
mon support,
Viens entendre ma voix, car ie sens
que la mort
Me talonne de pres, & ma foible
vieillesse
N'aspire qu'vn cercueil.

Thobie le ieune.

O que ce mot me blesse.

Thobie le pere.

Sçais tu que tu fairas si la mort me surprend,
Enseuely mon corps fort honorablement
Pri' pour moy l'Eternel, qu'il reçoiue mon ame
Dans l'immortel seiour.

Thobie le ieune.

Las, helas ie me pasme.

Thobie le pere.

Ayes tousiours le soing de ta mere honorer,
Et lors que le trespas la viendra deuorer,
Gence la pres de moy dedans la mesme fosse,
Car ie veux que son corps auec le mien repose:
Ne t'amuse iamais a quelque vanité

Mais contemple en tous lieux qu'vne diuinité,
A poly des ses doigts ceste ronde Machine,
Entendz ce que ie dis.

Thobie le ieune.

O parole diuine.

Thobie le pere.

Porte toufiours escript au profond de ton cœur
L'honneur, & le debuoir que tu dois au Seigneur,
Garde attentuement qu'vne erreur miserable,
Ne trouble ton cerueau, sois toufiours secourable
Aux pauures indigents, & liberalement,
Si tu as de grands biens donnes abondamment,
L'aumosne vollera dans la voufte celeste,
Si tost que tu l'auras a quelque pauure faicte:
Mon enfant garde toy d abandonner ton corps
Au plaisir de la chair, & sois aussi recors
De conseruer toufiours pure & nette ton ame,
Et n'approche iamais vn'autre que ta femme:
Si de tous mes propos tu es obseruateur,
Sans doubte l'Eternel benira ton labeur.

Thobie le ieune.

Mon pere ne doubtez, & plustost ie perisse,
Qu'a vos graues discours toufiours ie n'obeisse.

Thobie le pere.

Cher enfant i'ay presté quelque nombre d'argent
A vn de mes amis, mais ie ne sçay comment
I'y pourray enuoyer, qui sera la personne,
Qui se hazardera d'aller trouuer c'est homme.

Thobie le ieune.

Pere ou est son manoir!

Thobie le pere.

Il demeure en Ragez.

Thobie le ieune.

En Ragez ô bon Dieu cé n'est pas icy pres,

B

Thobie le pere.

Mon fils trouue quelqu'vn lequel vous y conuoye.

Thobie le ieune

Mais moy estant absent vous n'aurez nulle ioye,
Toutesfois de ce pas ie m'en vay y pouruoir
Car ie veux obseruer tousiours vostre vouloir.

Anne.

Dites moy mon amy ou est allé Thobie.

Thobie le pere.

Il reuiendra bien-tost Anne ma bonne amye,
Ie luy ay commandé d'aller veoir s'il pourra
Trouuer vn Messager qui le conuoyera
En Ragez la Cité.

Anne.

Hé ! que pensez vous faire
Voulez vous nostre fils si loin de nous distraire,
Si tu v'as mon soucy en si lointain pays
Ie te peux bien baiser, ô regrets, ô ennuys,
Venez m'accompaigner, las helas ie me pasme
Ne te verray-ie plus ?

Thobie le pere.

Tout beau tout beau ma femme,
Vous sçauez qu'il m'est deu il y a ià long-temps
Grande somme d'argent, ie sçay qu'il est conttant
Gabel m'est obligé, & de vray il ne reste
Qu'à l'aller recepuoir, cést homme est si honneste
Qu'il aymeroit plustost mille morts encourir
Que nyer à son fait.

Anne.

Vous me faictes mourir,
Ce n'est pas ce deffy que m'apporte la crainte,
Mais c'est vne frayeur qui à mon ame attainte,

Qui me fait augurer de iamais ne reuoir
Voſtre fils & le mien,

Thobie le pere.

M'amye ayons eſpoir
Au grand Dieu d'Iſrael & luy faiſons priere,
Puis quil nous deliura de ce Roy tant ſeuere,
Croyez qu'il conduira Thobie en ſeureté
Et le ramenera.

Anne.

Mais Thobie n'a eſté
Au pays de Gabel, & n'y cognois perſonne.

Thobie le pere.

Il n'yra pas tout ſeul il trouuerra quelqu'homme?

Anne.

Mais s'il n'en trouue point l'enuoyriez - vous tout
ſeul.

Thobie le pere.

Il ne paſſera pas ſeulement noſtre ſeuil,

Anne.

O Souuerain Paſteur de toute la machine
Empeſche que ſi loin mon fils ne s'achemine,
Helas mon cher ſoucy & tout mon reconfort
De qui doreſnauant auray-ie du ſupport,
Qui me cherira plus qui me faira plus viure,
Puiſque tant de malheurs accourent pour me ſuiure
Non, non, tu n'yras pas, quoy l'enuoyer ſi loin
Vrayment ſi tu y vas tu n'en reuiendras point.

Elle ſe retire

Thobie le ieune.

Dieu vous gard mon amy, ſçauriez vous m'enſei-
gner
Où ie peuſſe trouuer quelque bon meſſager
Pour aller en Ragez, vous me fairez ſeruice,
Congnaiſſez? vous quelqu'vn.

Azarie.

C'est tout mon exercice,
J'ay esté en Ragez, plus de cinquante fois
Et n'y à d'icy la, mont, campagne ni bois
Dont ie n'aye le non, mais quel vrgent affaire
As tu en ce pays.

Thobie le ieune.

Il est deu a mon pere:
Grande somme d'argent, & m'y veut enuoyer
Pour voir si ie pourray c'est argent receuoir.

Azarie.

Qui est vostre debteur , comme est-ce qu'il se
nomme.

Thobie le ieune.

On l'appele Gabel.

Azarie.

C'est vn tres-honneste homme.

Thobie le ieune.

Quoy, le congnoissez vous ? Comment l'auez vous
veu.

Azarie.

Ie sçay bien quel il est & qu'elle est sa vertu.

Thobie le ieune.

Venez, auecques moy trouuer vn peu mon pere
Pour vous louer a luy, car ie luy veux complaire:
O qu'il sera ioyeux quand il orra parler
Que i'ay si tost trouué vn si bon messager:
Mais le voila venir qui chemine a grand peine,
Voicy vn messager lequel ie vous ameine.

Thobie le pere.

D'ou es tu mon amy, es tu vray messager,

Thobie le fils.

Mon pere il m'a promis me mener sans danger.

Thobie le pere.

Ie veux pourtant sçauoir de luy comme il se nomme.

Azarie.

Hé! que vous seruira le nom de ma personne,
Ie le vous diray bien, mais plusieurs m'ont loüé
Pour les accompagner, qui ne m'ont demandé
D'ou i'estois, ny mon nom, mais ie vous certifie,
Que ie suis fils d'vn grand & m'appelle Azarie,
I'ay demeuré long temps en Ragez la Cité
Et congnois bien Gabel car ie l'ay visité.

Thobie le pere.

Pardonne messager & point ne te courrouces
Dont ie ne t'ay vsé de paroles plus douces,
Pourras tu bien mener mon fils iusqu'en Ragez,
Sçay tu bien le chemin?

Azarie.

Vrayment ouy ie le sçay.

Thobie le ieune.

Mon pere il congnoist tout & sçait bien les pas-
sages,
Les viles, les citez, les bourgs & les villages
De tout ce pays la, il congnoist bien Gabel,
Sa femme & ses enfans:

Thobie le pere.

O grand Dieu immortel,
Messager mon amy, mais quelle recompense
Demande tu de moy?

Azarie.

Pere a cela ne pense,

B iij

Ie meneray ton fils & le conuoyeray
Iusques dedans *Ragez*, & le conserueray
Encontre tout danger, & si ie te proteste
Que *Gabel* le payera, car il est fort honneste,
Deliure moy son fait, cependant mon amy
Faites vostre pacquet & l'apportez icy.

Thobie le pere baille la cedulle & son
fils va accommoder ses
hardes.

Anne.

Ne te verray-ie plus (mon cher enfant *Thobie*
Mon support, mon soulas, le soustien de ma vie,
Ie ne te verray plus, las helas tu t'en vas
Et ie demeure icy attendant le trespas.

Azarie.

Ne gemissez point-tant appaisez ie vous prie
Les soupirs & les pleurs, car ie vous certifie,
Que l'aymerois plustost de mille morts mourir
Que de veoir vostre fils quelque mal encourir,
Hé ! m'estimeriez vous si fresle & si debile
De me charger d'vn fait dont ie ne fusse habille,
Non non, asseurez-vous que ie puis conuoyer
Vostre fils sain & sauf.

Anne.

Mais i'ay peur messager
Qu'vn malheur incognu mon enfant me moleste
Le prenant à l'escart & plustost la tempeste
Accrauante mon chef que i'entende iamais
Ce que ie crains de luy.

Azarie.

Femme ie vous promets

Au peril de mon corps, & mesme de mon ame
De garder vostre fils, de mal, de mort, de flamme

ANNE.

Pleust a Dieu que iamais n'eussions eu congnoissance
A cest homme Gabel, & que ceste finance
Qu'il emprunta de nous eust esté dans la mer
Ie n'aurois maintenant vn couroux si amer.

Thobie le pere.

Desieunez mes enfans il vous en faut aller.

Thobie le ieune.

Adieu mon pere adieu nous ne sçaurions manger.

Thobie le pere.

Pour Dieu mon cher enfant prens congé de ta mere,

Tobie le ieune.

Si ie luy dis adieu i'accroistra sa misere.

Thobie le pere

Messager mon amy, ayez tousiours le soin
De mon vnique fils, ie ne retiendray point
Vous estant de retour vostre peine & sallaire,
Dieu vous conduise en paix.

Thobie le ieune.

Adieu mon pauure pere,
Ma chere mere. adieu parlez à vostre fils.

Anne.

Helas mon cher enfant plus parler ie ne puis.

Azarie.

Madame appaisez-vous quittez ceste tristesse,
Car il faut pour vn temps que vostre fils vous laisse,
Non non ne redoutez qu'il demeure iamais,
Parauant qu'il soit peu vous en resiouyres.

Thobie le ieune.

Allons mon compagnon, le grand Dieu Tout-puissant
Soit au millieu de nous, cheminons iusqu'a tant.

Que le soir soit venu, il faira clair de Lune,
Mais ou logerons nous?

Azarie.

Là ou i'ay de coustume.

Ils s'acheminent & la mere se complaint.

Anne mere de Thobie.

O chetif que tu es, ô pauure malheureux,
Ne te suffisoit il d'auoir perdu les yeux,
Sans enuoyer ainsi ton cher enfant Thobie
En si lointain pays, tu n'as donc plus enuie
De viure desormais qu'en misere & douleur:
Pleust or (à l'Eternel) ie le dy de bon cœur,
Que ie fusses desia ou ie seray sans doubte
Parauant qu'il soit peu tant son mal ie redoubte.

Thobie le pere.

Que valent ces discours, que seruent ces propos,
Allez, nous reuerrons nostre fils bien dispos,
A tout le moins il est accompagné d'vn guide
Qui congnoist le pays & si n'est point timide.

Thobie & Azarie reuiennent.

Thobie le ieune.

N'estes vous point lassé comme moy, Azarie,
I'ay si grand mal es pieds, permettez ie vous prie
Que ie les laue vn peu dedans ce fleuue icy,
Reposez vous pendant.

Il laue les pieds & crie.

Ah! qu'est ce que voicy.

Azarie.

Qu'auez vous à crier, quelle peur, quelle crainte
Est si soudainement dedans vostre ame enprainte.

Thobie le ieune.

Las c'est vn animal ou bien quelque poisson,
Qui m'a grandement mordz par le bout du tallon,
Ne le voyez vous point tenez comme il pestille,
Iamais ie n'eux tel' peur?

Azarie.

Prends-le il t'est vtile,
Arrache luy le foye, le gisier & le cœur,
Et le mets dans ton sac & n'aye aucune peur.

ACTE QVATRIESME.

Thobie le ieune. Azarie. Le Chœur.
Raguel. Sarra. Anne mere de
Sarra. La Seruante.

THOBIE le ieune.

Ites moy s'il vous plaist, ô mon frere Azarie,
Quels remedes voicy, dites moy ie
vous prie,
Dequoy peuuent guerir & le foye
& le cœur,
Et le fiel du poisson qui m'a faict si grand peur.

Azarie.

Le cœur estant bruslé dans vne ardante braise,
Si le diable tient l'homme où la femme a mal-aise
Il s'enfuira bien tost, pour ne pouuoir souffrir
C'este espaisse fumee & s'il pouuoit mourir,
il mourroit promptement quand a l'autre remede.
Tu verras que le fiel est vn singulier ayde
Pour recouurir la veue & nettoyer les yeux,
De ceux qui ont perdu le bel aspect des Cieux.

Thobie le ieune.

Mon frere & mon amy si vous me voulez croire
Parauant que la nuit tende sa robbe noire,
Dessus nostre Orison, nous en yrons loger
A fin que nous puissions vn peu nous reposer.

Azarie.

Allons i'en suis content, ie recognois vn homme
Issu de tes parens, qui Raguel se nomme,
Demourant icy pres, il est si plain de bien,
D'argent, terres, troupeaux, mais tout cela n'est rien
Au prix du beau thresor de sa noble famille,
C'est d'vne belle, chaste, & gracieuse fille
Vnique de son pere, & de sa mere aussi,
Elle est de chacun d'eux l'agreable soucy
Et sera d'vn mary bien-tost accompagnee,
Car ils n'ont autre espoir de future lignee
Qu'en elle seulement, il te la faut donner
Tu la pourras d'icy auec toy emmener:
Demande la au pere parlant de bonne grâce,
A lors qu'il entendra que tu es de sa race
Et te voyant ainsi honneste & vertueux,
Il te la donnera & s'en tiendra heureux.

Thobie le ieune.

Ie le voudrois fort bien, mais i'ay entendu dire,
Qu'elle à eu sept maris que l'on à veu occire
Des la premiere nuit qu'ils estoyent retirez,
Auec elle en sa chambre, & si sont martirez,
Par la force du diable: Or moy i'ayme ma vie,
Et ne veux-pas si-tost qu'elle me soit rauie,
Si c'estoit pour seruir a l'a posterité:
I'endurrois milles morts sans l'auoir merité,
Ie suis vnique fils & de pere & de mere
Qui sentiroit helas la vie plus amere
Que moy mesme la mort, ie ne veux point mourir.

Azarie.

Encontre ce danger ie te veux secourir
Thobie, asseure toy que ces malheureux diables
N'approcheront de toy ny de tous tes semblables,
Ils se prennent tousiours aux hommes vicieux
Qui sans Dieu sans raison recherchent curieux
Le desreglé desir de leur concupiscence:
Quoy tous ces malheureux desquels l'ame ne pense
Qu'à trouuer le moyen de complaire a leur corps
Telles gens sont ils pas dignes de milles morts.

Thobie le ieune.

Ouy en verité, mais que faudroit il faire,
Pour fuir les efforts de ce traistre aduersaire,
Les diables sont meschans.

Azarie.

Ah ne les crains iamais
L'Eternel est pour toy, amy ie te promets
Escoute seulement quand tu l'auras a femme,
Monstre toy plus aymant la beauté de son ame
Que celle de son corps, demeure chastement

Auec elle trois nuicts priant deuotement
Sans iamais luy toucher, & fais brusler le foye
Du poisson que Tigris fit sortir en la voye
Pour alleger tes maux, le Diable s'enfuira
Aborrant ceste odeur que lors il sentira :
Des la premiere nuict tu seras mis aux rolles,
Des Patriarches Saints, dont les saintes parolles
Sont pour loix entre nous, & la troisiesme nuict,
Afin que de bon arbre il en vienne bon fruict,
Le Seigneur benira ton affection sainte :
En aprochant Sarra ayes de Dieu la crainte,
Desire que ce soit pour auoir des enfans
Qui seruent au Seigneur des leurs plus ieunes ans,
Et non pour accomplir vn desir deshonneste :
La benediction qui couronna la teste
Du Sainct pere Abraham, s'estendra sur les tiens
Obserue mes propos amy, & t'en souuiens.

Thobie le ieune.

Ie retiens vos propos comme graues sentences :
Dieu vous veuille donner les dignes recompenses
De vos rares vertus, quand ie me donnerois
A vous pour vous seruir, ie ne satisferois
A ce que ie vous dois.

Azarie.

Tu congnoistras mon frere
Que ie feray pour toy trop plus que tu n'espere,

Thobie le ieune.

I'en reçois plus de biens que ie n'ay merité.

Azarie.

Nous sommes arriuez iusques en la Cité
Thobie, saluons ceste troupe de femmes :
Dieu vous doint le bon soir mes gratieuses Dames
Laquelle d'entre vous maintenant nous dira
Ou se tient Raguel.

Le Chœur.

On vous y conduira
Seigneurs, s'il est besoing, mais la rue vous y mayne,
Toutesfois permettez que nous prenyons la peine:
Tout deuant son logis vous recongnoistrez bien
Que celuy a quil est a beaucoup de moyen:
C'est vn palais haultain duquel la braue audace
Monstre de commander à tout vn populace.

Azarie.

Mes Dames grand mercy, ie pense que ie voy
Raguel la deuant, Thobie aproche toy
Voir s'il te congnoistra.

Raguel.

Ie recognois cest homme
Mais ie ne scay pourtant dequel nom il se nomme,
Vrayment tout aussi tost que ie l'ay entreueu,
Ie pensois que ce fut Thobie mon Nepueu:
Dieu vous gard mes amis, dites moy d'ou vous estes,
Vos aymables regards, & vos graces honnestes
Font naistre dans mon cœur vn gratieux desir
De vous aymer tousiours & vous faire plaisir.

Thobie le ieune.

Dieu vous tienne en sa garde & vostre compagnie
Monsieur, nous sommes nez de la haute lignee
Des enfans d'Israël, auquel le souuerain,
Abbaissant sa grandeur toucha de main en main
Quand il changea son nom, nous auons pris naissance
Des fils de Neptalin, doux fleuue d'eloquence,
Nostre peuple vainquit des braues Nations,
Ores nous esprouuons maintes subgetions:
Telle varieté gouuerne toute chose,
Fors le cœur de celuy qui en Dieu se repose.

Pour n'auoir obserué les saints commandemens,
Nous meritons d'auoir les iustes chastimens
Le Roy Sennacherib bruslant en son courage,
De haine, de couroux, de fureur & de rage,
Commanda massacrer tout le peuple Hebrieu,
Mon pere demy mort fuyant ce triste lieu,
Trouua vn sien amy du pays d'Assirie,
Qui luy sauua son fils & sa femme & sa vie,
Mais non pas tous ses biens qui auoyent esté pris,
Depuis ce Roy cruel de ses enfans surpris
Fut massacré par eux, mesme dedans vn Temple,
A quoy tous les Tyrans peuuent bien prendre exemple
Mon pere en ce temps la sortit hors de prison,
Et rapporta ses biens en sa propre maison.

Raguel.

Amy congnoissez vous mon bon frere Thobie:
Si vous le congnoissez dites moy ie vous prie
Quel est son portement, si le bon heur le suit
Comme l'on veoit qu'en luy toute vertu reluit.

Azarie.

Monsieur, voyla son fils.

Raguel.

Donc tu és de ma race,
Approche toy pour Dieu, mon fils que ie t'embrasse,
Ma femme venez-tost, Sarra venez aussi.

Anne.

Que vous plaist-il monsieur,

Sarra.

Mon pere me voicy.

Raguel.

Saluez ce ieune-homme & me dites mamye
Si vous le congnoissez, que Sarra est rougie
En approchant de luy, par les emotions
On peut iuger souuent de nos affections,

Pour-ce qu'ils sont issus de mesme parentage,
Vn iuste naturel luy espoint le courage:
Ma femme, cestuy-cy est le fils bien aimé
De mon frere Thobie, & le plus estimé
Que l'on ayt iamais veu en si grande ieunesse.

Anne.

Ha! Nepueu mon qu'y a que ie vous caresse
De mil' embrassemens, & bien que dites vous,
Mon enfant contez-moy qui vous mene entre-nous:
Et que fait maintenant Thobie vostre pere:
L'honneur de nos parens, & que fait vostre mere,
Ce n'est-pas sans propos que les auez laissez,
Et que vos pas se sont deuers nous addressez.

Thobie le ieune.

Ie dois à mes parens entiere obeissance
Et leur obeiray de toute ma puissance,
Ie retiens en mon cœur les bons enseignemens
Q e m'a donné mon pere, & ses commandemens,
C'est par sa volonté que ie fais ce voyage.

Raguel.

Au moins racontez-nous quelle parolle sage
Il dit, te commandant de venir en ce lieu!

Thobie le ieune.

Tous ces propos estoyent de la gloire de Dieu,

Raguel.

Ie m'en asseure bien, dy les ie te supplie.

Thobie le ieune.

Mon pere estant pressé de griefue maladie
Me parla tout ainsi : Mon fils escoute moy,
Recueille mes propos, graue les dedans toy,
A lors que le Seigneur aura repris mon ame,
Enseuely mon corps dessous la froide lame,
Obeis à ta mere & comme humble seruant
Honore la tousiours tant que seras viuant:

Aymez la cherement iusqu'a sa derniere heure,
Puis quand nostre grand Dieu permettra qu'elle
    meure,
Ferme luy doucement la paupiere de l'œil,
Et la mets pres de moy dans vn mesme cercueil,
Porte le nom de Dieu escript en 'a pensee,
Garde soigneusement qu'vne erreur incensee
Ne te vienne saisir, pour te faire pecher,
Voulant de tes vertus le bon heur empescher:
Ne detourne tes yeux du pauure miserable,
A sa necessité monstre toy secourable,
Si tu as de grands biens donnes abondamment,
Ayant peu, donne peu, mais liberalement
L'aumosne paroistra deuant le diuin throsne
De nostre Souuerain qui commande l'aumosne,
Il t'en sçaura bon gré, & ne souffrira pas
Que ton ame chemine en tenebres la bas,
Mon enfant garde toy d'vn adultere infame,
Et n'accointe iamais vn'autre que ta femme,
Chasse l'orgueil de toy car la presomption
Entraine ses subiects à grand' perdition,
Qui t'aura faict plaisir veuille luy aussi fai e:
Ne retiens le loyer du pauure Mercenaire,
Ne fasche ton prochain & ne fais enuers luy,
Que ce que tu voudrois mesme souffrir d'autruy:
Mange auecques le iuste & monstre que tu l'aymes,
Couure ceux qui sont nuds de tes vestements mesmes,
Ne frequente iamais les hommes vitieux,
Suis le conseil du sage & honore les vieux,
Beny Dieu en tout temps & tousiours luy demande
Qu'il addresse ton cœur ou sa loy te commande:
Thobie mon amy, i'ay presté dix talents
A Gabel qui demeure entre les Medeens
En Rages la Cité, i'ay sa cedulle au coffre,

Ie te la veux donner afin que tu luy offre
Pour r'auoir c'est argent qui nous seroit besoing:
Asseure toy dit il si nous auons le soing,
De prier le Seigneur il ne sera point chiche,
Sa liberale main nous peut faire bien riche.
Va doncques mon enfant, de Dieu sois tu benist
Voila tous les propos que mon pere me dit,
De bon heur i'ay trouué ce compagnon & frere
Qui m'a conduict icy, par son moyen i'espere
De recouurir bien tost cest argent qui m'est deu.

Raguel.

Ie croy bien qu'aussi tost qu'il te sera rendu,
Tu auras grand desir de contenter ta veüe
Du bon homme ton pere.

Thobie le ieune.

Helas ce mot me tüe,
Mon pere ne voit point la lumiere des Cieux.

Raguel.

Comment est-il priué de l'vsage des yeux.

Thobie le ieune.

Ah! mon Dieu, ouy du tout.

Raguel.

O dommageable perte,
Sy la veüe ne peut luy estre recouuerte,
En vain donc le Soleil eslance ses beaux rays
Sur les yeux de mon frere, hé que ie me desplais,
De son triste malheur, vn point me reconforte,
Si son corps est trop foible il a vne ame forte,
Ma femme vous pleurez & vous ma fille aussi,
Chacun de nous prend part en ce nouueau soucy
Allez retirez vous, faites couurir la table:
Traictons nostre parent d'vne grace honorable,
Thobie mon amy va donc te reposer.

Azarie.

Voudrois-tu bien courir
Vne mesme fortune & qu'ore elle fut tienne?

Thobie le ieune.

Non, car si ie mourois ell' ne seroit plus mienne,
Les morts ne prennent rien aux meubles des viuans,
Mais ie desire bien de viure plusieurs ans
En repos auec elle & qu'elle soit ma femme,
La moitié de mon cœur, la moitié de mon ame,
Ie luy obeiray comme vn de mes ayeux
A la sienne, obeit & ie ne veux pas mieux,
Que faisoit Abraham puis elle n'est moins sage
Qu'estoit l'autre Sarra de mesme parentage.

Azarie.

Il en faudra parler,

Thobie le ieune.

Hé! pour Dieu hastez-vous.

Azarie.

Or bien reposons nous Mon frere ie vous prie.

Thobie le ieune.

Mais comment reposer, il n'est en ma puissance,
Ie pense tousiours voir sa douce contenance,
Son modeste regard & son gratieux pleur,
Sera tousiours graué au milieu de mon cœur:
Ie pense quelquefois toucher sa belle face
Ou bien il m'est aduis qu'encor elle m'embrasse,
O que i'estois heureux si cela m'eust duré.

Azarie.

Pour te recompenser du trauail enduré
Dieu te la veut donner, c'est pour-toy qu'elle est nee
Et tu auras alors la vertu desiree,

La Seruante.

Ie hairray pour iamais l'orgueil de ces maistresses,
Qui sous ombre d'auoir la faueur des richesses
Mesprisent tout le monde & ne pensent rien voir.
Digne de leurs vertus & de leur grand pouuoir.

Sarra.

Sus, sus, despeschez-vous de faire vostre ouurage,
On vous prend seulement pour faire le mesnage,
Et non pour babiller & causer à chacun.

La Seruante.

Si vaut il mieux vser d'vn entretien commun
Que faire comme vous qui ne parlez qu'au diable.

Sarra.

Meschante qui me tient que ie ne vous accable
De mille coups de poing?

La Seruante.

Hé quoy? que fayrez-vous?
Me voulez vous tuer comme vos sept espoux?
Ah malheureuse femme: ah cruelle meurtriere!
Voules vous donc tuer maris & chambriere?
Iamais ne puissiez vous auoir aucuns enfans
Qui contentent vos yeux en leurs plus ieunes ans,
Et dont le doux blandir de la voix enfantine
Vous chatouille le cœur au fond de la poictrine.

Priere de Sarra.

Las si i'ay offencé vostre maiesté haute,
O Dieu de mes parens, pardonnez à ma faute:
Vous estes coustumier de receuoir tousiours,
Les pauures affligez qui vers vous ont recours,
I'esleue iusqu'au Ciel mes yeux & ma pensee
Esperant bien de voir ma priere exaucee.

Ayez doncques esgard en mon entiere foy,
Desliez moy Seigneur, Seigneur desliez moy
Du reproche honteux qui bourrelle ma vie,
Ou me l'ostez du tout, las ie n'eux onc enuie
D'accointer aucun homme, vn si vilain peché
N'a iamais mon esprit ny mon corps entaché,
Vous le sçauez mon Dieu que ie suis chaste & pure,
Que i'ay l'ame deuote & le corps sans souillure,
I'ay bien pris des marys mais en me mariant
Ie craignois vostre nom l'honorant & priant:
Peut estre que pour eux ie n'estois assez digne,
Ou peut estre qu'aussi vostre bonté diuine
Me reseruoit pour autre, & qu'iceux la n'estoient
Dignes de m'espouser & ne me meritoyent:
Seigneur, vostre conseil n'est point en la puissance
D'aucun homme mortel, ny en sa cognoissance:
Mais quiconque vous ayme & qui tient pour certain
Que vous estes de tous le grand Dieu souuerain,
Ie pense que sa vie est par vous esprouuee,
Et la veut corriger, afin qu'ell' soit trouuee
Plus digne de l'honneur qu'il s'attend receuoir
En vous obeissant & faisant son debuoir:
S'il est trouble d'ennuy, de douleur, & de paine,
Vostre douce beauté en repos le ramaine:
Et s'il est corrompu par vn mauuais effect,
Vous demandant pardon ce pardon luy est faict,
Car vous ne prenez point de plaisir à nous nuire
Mais vous faictes sur tous vostre soleil reluire:
Apres que l'on a veu esclairer & gresler,
Vous calmez la tempeste, & rasserenez l'air:
Apres vn triste pleur qui arrose la face,
Vous essuyez nos yeux nous receuant en grace:
O grand Dieu d'Israel, les siecles aduenir
Puissent vostre sainct nom deuotement benir.

Raguel.

Ma fille qu'auez vous? que vous estes pensifue?
Quoy! vous pleurez tousiours?

Sarra.

Las! faut-il que ie viue,
Endurant tant de morts? mon pere s'il vous plaist
Laissez moy plaindre seule.

Raguel.

Et dites moy que c'est,
Quel nouueau desplaisir vous espoint le courage?
Voulez vous consommer vostre fleurissant' aage
A lamenter sans fin?

Sarra.

Mon trauail soucieux
Quand ie ne dirois moi paroistroit a mes yeux,
On dit que le silence est vn discret message,
Qui sans rien prononcer se peut lire au visage.

Raguel.

Bien ie vous laisse donc deuant nostre parent,
Ie ne veux pas monstrer mon deuil tant apparent,
Mais la pauure Sarra comme elle est deuenue,
Ores elle est sans poux, ores elle est esmeue:
Ie vay trouuer sa mere & luy diray comment
Elle change couleur cent fois en vn moment.

Sarra seule.

Ha! mon Dieu que ie sents vne aspre maladie,
Qui par les yeux aymez de ce ieune Thobie
Se coulant dans les miens m'enpoisonne le cœur,
De ses gentils propos l'agreable douceur
A desrobé du tout ma liberté premiere,
Et mis en son pouuoir mon ame prisonniere:
Mais ie ne veux pourtant luy demander secours

Craignant de voir finir la vie de mes amours,
Las i'ay eu sept maris, dont la forte allegresse
N'a peu forcer la mort, elle à esté maistresse
De leur ieune prin-temps, & vn esprit maudit
Les à l'vn apres l'autre estouffez dans mon lit,
O douleur, ô regret, las que ma triste vie
Est par diuers malheurs incessamment suiuye:
Ie ne puis maintenant ma douleur secourir,
Priray-ie mon Cousin qu'il s'en vienne mourir?
Doy-ie brusler tousiours sans descouurir ma flame,
Doy-ie faire mourir celuy qui tient mon ame!
Faut-il donc tant souffrir & ne le dire pas?
Faut-il mener aussi mon amy au trespas?
Ah mon Dieu meurs plustost Sarra que d'estre cause
De la mort de celuy, ou ta vie est enclose.

Raguel.

Or voila que i'ay ouy (ma femme & ie ne sçay
Si c'est vn nouueau mal dont elle fait essay,
Mais n'auez-vous point veu la façon debonnaire
De mon nepueu Thobie, en parlant de son pere?

Anne.

Ouy i'ay bien apperçeu qu'il ploroit tendrement.

Raguel.

Que l'on doit esperer vn humain traictement
De ce ieune garçon? Or pleust à Dieu m'amie
Que ma fille Sarra eust espousé Thobie,
Qu'il fut auecque nous pour nostre aide & secours,
Pour y fermer nos yeux à la fin de nos iours.

Anne.

Mon Dieu, que dites-vous? ce seroit grand domage
Que cest honneste fils mourust en si ieune aage:
Vous sçauez bien (monsieur) comme les sept maris
De la pauure Sarra sont tous morts & peris.

Raguel.

Peut-estre cestui-cy, qui est nostre plus proche
Vient pour nous desliurer de ce vilain reproche,
Peut estre le Seigneur l'a fait venir a nous,
Pour estre de Sarra perpetuel espoux.

Anne.

Et que vous me donnez vne douce esperance.

Raguel.

Ie voy dans ce ieune-homme vne humble contenance
Vn regard adoucy, vn geste gracieux:
Ie connois bien-aussi qu'il est deuocieux
Et qui le nom de Dieu parfaitement adore,
Cestuy là est vrayment tresdigne qu'on l'honore.

Anne.

Nostre fille auec luy seroit en grand repos.

Raguel.

M'amye le voicy il faut changer propos.

Azarie.

L'excelente beauté de vostre fille vnique,
Sa vertu, sa douceur, & sa grace pudicque,
Ont si bien enlacé le cœur de cestui-cy,
Que si vous ne prenez soucy de son soucy
Vous le verrez bien-tost a la fin de sa vie,
Le lignage est sur tout la pitié vous conuie
De le tenir pour vostre, il vous veut obeir.

Raguel.

Ie l'aime comme vn fils & ne le veux trahir,
Ma fille en esprouuant sept Nopces miserables,
Me fait auoir grand peur d'en reuoir de semblables.

Azarie.

Monsieur ne craignez point, les maris de Sarra
Sont tous morts l'ayant euë, & cest autre mourra

Si vous ne luy donnez, vaut-il pas mieux qu'il meure
Auec elle content, que mourir a cest heure,
Aussi bien vous est-il enuoyé du seigneur:
Lequel n'a point voulu qu'vn autre eust le bon heur
De ioüir d'vne femme & si chaste & si belle:
Car tous ceux qui l'auoient n'estoient pas dignes
     d'elle,
Mais cestui-cy craint Dieu, il est predestiné
Pour espouser Sarra de. auant qu'il fut né.

Raguel.

Ie desire bien voir vn mary à ma fille,
Mais ie crains de le perdre & que la mort le pille.

Azarie.

Ie vous puis asseurer qu'il viura fort long temps
Auec elle & sera pere de beaux enfans.

Thobie le ieune.

Si le doux souuenir de la premiere flamme,
Qui iadis vous brusla, vous tient encor en l'ame
Au moins Monsieur, pensez ce que ie peux souffrir,
Et receuez vn fils que ie vous viens offrir:
Si vous gardez aussi l'amour de vostre race
Ayez pitié de moy qui vous demande grace:
I'ayme tant vostre fille & auec tel deuoir
Que de viure sans elle il n'est en mon pouuoir.

Raguel.

Tu l'auras (mon amy) si elle en est contente
Qu'en dites vous ma femme!

Anne.

Elle est obeissante
Elle faira tousiours tout ce qu'il vous plaira.

Raguel.

Allons parler à elle & voir qu'elle en dira,
Ma fille vous sçauez combien vous m'estes chere,
Vous congnoissez aussi l'amour de vostre mere:

Nous

Nous n'auons iamais eu autre plus grand desir
Que de vous procurer & proffit & plaisir,
Nous vous donnons mary, vn heureux mariage
Est plus digne de vous, que ce piteux veufuage:
Vous auez tant pleuré la mort de vos marys,
Ores il faut changer vos tristes pleurs en ris,
Vous aurez vn espoux de vostre parentage
Beau, gratieux & doux, ieune gaillard & sage.
Le voulez vous pas bien?

Sarra.

Ie veux ce qu'il vous plaist
Mon pere, mais ie crains.

Anne.

Ha! ie sçay bien que c'est:
Sarra ne craignez point nous leur venons de dire,
Mais pourtant mon Nepueu vous ayme & vous desire,
Et puis ce ieune fils qui est auecques luy
Promet de le garder & de mal & d'ennuy.

Sarra.

Dieu veuille qu'ainsi soit.

Raguel.

Approchez vous m'amye,
Çà, donnez moy la main, venez que ie vous lie
D'vn neud perpetuel.

Thobie le ieune.

Hé! ie suis tant lié
Mesmes au parauant que d'estre maryé,
De ces crespez cheueux vne blonde cordelle
Lie & serre mon cœur pour tout iamais à elle:
Mais non obstant cela ie luy iure la foy
De l'honorer tousiours & l'aymer plus que moy.

Sarra.

Ie vous promets la foy que vos graces demandent
Comme Dieu, les vertus, & les loix le commandent.

Raguel.

Le grand Dieu Eternel vous face prosperer
Vous donnant tout le mieux que l'on puisse esperer.

Anne.

Ie requiers ses bontez, que vos belles ieunesses
Demeurent seur appuy de nos foibles vieillesses.

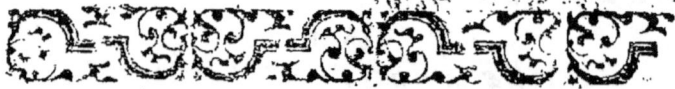

ACTE CINQVIESME.

Thobie le ieune.   Azarie.   Gabel.
Raguel. sa mere.   La Seruante.

AZARIE.

N E te souuient il plus (mon compagnon Thobie)
Que on pere nous dit, auant nostre
partie,
Luy promismes nous pas d'aller trouuer Gabel
Iusques dans sa maison?

Thobie le ieune.

O grand Dieu immortel
Ie l'auois oublié, mais mon frere Azarie
De grace escusez moy, he! vas y ie te prie.

Azarie va pour sortir & rencon-
tre Gabel.

Dieu vous gard bon Seigneur,

Gabel.

Et à vous mon amy,
De quel lieu venez vous?

Azarie.

D'vn estrange pays.

Gabel.

Qui vous ameyne icy, quel'important affaire
Vous faict venir si loing?

Azarie.

Monsieur Thobie le pere
Estant tres opulent presta y a long-temps
Quelque somme d'argent a vn qu'il aymoit tant:
Maintenant qu'il se voit en extresme misere,
Il m'a cy enuoyé & par moy il espere,
Estre bien tost payé, voyons comme il a nom,
Il s'appelle Gabel homme de bon renom:
Si vous le congnoissez, dites moy son demeure.
Me l'enseignerez vous?

Gabel.

Messager en bonne heure,
Tu sois icy venu, c'est moy mesme qui suis
Le debteur de Thobie, dont parler ie ne puis
Qu'apres vn grand regret tant i'aymois ce bon homme
Vrayment tout maintenant ie te rendray la somme
Qu'il me presta vn iour a ma necessité
Et n'oublieray iamais sa grand fidelité.
Comment vit il encor, que faict sa bonne femme
Bon Dieu qu'elle m'aymoit,

Azarie.

Ma foy la bonne dame
S'atristoit tellement, & eust tant de courroux,
Voyant son fils partir, qu'elle pleuroit tousiours,
Et si croy que iamais ne voirra la belle heure
De son heureux retour, & crains qu'elle ne meure
Son fils en à grand peur.

Gabel.

Mais ie te pri' di-moy
Le subiect, le motif & la raison pourquoy,
Leur fils s'en est allé & en quelle contrée
Seroit il habitant, voyez la destinée,
Auoir ainsi quité son pere en ses vieux ans,
Se sont se sont les traicts des fils de maintenant.

Azarie.

Monsieur excusez-moy, ce propos la m'offence
Thobie n'est desbauché ainsi comme l'on pense
Il m'a accompagné, & est de Raguel
Le Gendre bien aymé & L'espoux mutuel
De sa fille Sarra, ie vien du mariage
Si vous ne me croyez, contemplez ce beau gaige
Dont il m'a honoré.

Gabel.

Ie le veux aller voir,
Et serois bien ingrat si de tout mon pouuoir
Ie n'aymois cest enfant, pour l'amour de son pere,
Vrayment ce me seroit vn tresgrand vitupere
Si ie mescongnoissois le bien, l'amour, l'honneur,
Que i'ay cent fois receu de son pere & seigneur,
Conduis-moy messager, & sans nulle doutance
Ie te contenteray allon en dilligence.

Thobie le ieune.

N'ay-ie pas entendu mon amy Azarie,
Ie le voy, ie le voy, a propos ie vous prie
Racomtez moy comment Gabel s'est comporté,
Quel discours à t'il tins, auez-vous apporté
L'argent qu'il nous deuoit, vous me semblez tout
Que songez vous ainsi?   (blesme,

Azarie.

Voila Gabel luy-mesme.

Thobie le ieune.

Gabel, comment Gabel, est-ce vous (mon amy)

Gabel.

Mon fils excusez-moy ie m'appelles ainsi.

Thobie le ieune.

Coment vous portez-vous, auez vous pris la peine
De venir iusqu'icy?

Gabel.

Iouuençeau que ie t'aime:
Ton pere est mon amy, ie suis son seruiteur,
Ie sçay que i'ay esté trop long-temps son debteur,
Mais quoy? ie ne sçauois son manoir ny la terre,
Là où il demeuroit, pour autant que la guerre
Auoit tout bouluersé, que fait il maintenant?
Ie croy qu'il soit bien vieil, ta mere mon enfant
A beaucoup de regrets de ta si longue absence,
Parle t'ell' point de moy!

Thobie le ieune

Ah! souuent elle y pense,
Elle eust tant de regrets en me voyant partir,
Qu'on eust dit a la voir qu'elle s'alloit mourir:
Mais mon pere constant tousiours la reconforte
Ainsi qu'vn bon mary, luy disant de la sorte,

M'amie, appaisez vous ne gemissez point-tant
Nous reuerrons bien tost Thobie nostre enfant.

Gabel.

Ie pri' a l'Eternel qu'il leur face la grace
De reuoir en bref temps, ta lumineuse face,
Mon fils, voila l'argent qu'a ton pere ie dois:
Ne m'espargnes en rien, dy luy que mille fois
Ie suis son seruiteur, & à ta bonne mere,
Dieu luy donne de toy, ce que plus elle espere.

Thobie demande congé à son beau-pere Raguel pour s'en retourner chez son pere.

Puisque ie suis a vous   (mon Seigneur & mon
Maistre)
Et que de tout mon cœur j'ay desiré y estre,
Permettez s'il vous plaist de me prester à moy
Pour soulager mon pere ainsi comme ie doy,
Helas ie sçay combien le pauure homme desire
Que ie retourne a luy, ie sçay bien qu'il soupire
L'absence de son fils, il m'appelle au secours
Et ne fait que nombrer les heures & les iours
Que ie l'ay delaissay auec ma triste mere:
Accompagné d'ennuy, de regret, & misere.

Raguel.

Nous ne pauuons donc plus icy te retenir.

Thobie le ieune.

Non, mais i'auray tousiours de vous le souuenir.

Raguel.

Demeure mon amy, i'enuoyray a ton pere
Quelque bon messager, affin de luy complaire,
Sus il faut despescher vn homme des demain
Pour luy faire sçauoir que tu es vif & sain.

Thobie le ieune.

Pour Dieu permettez moy que i'aille veoir mon pere
Considerez vn peu qu'il ennuie à ma mere,
Ie particippe, helas, à la grande douleur
Qu'elle endure pour moy au profond de son cœur.

Raguel.

Le Saint de nostre Dieu heureusement vous meine,
Viuez mes chers enfans sans douleur & sans paine,
Soyez vers vos parens en tout bien addonnez,
Puissai-ie voir de vous de beaux enfans bien nez.
Sur la fin de mes iours adieu vous dy ma fille,
Gouuernez prudemment toute vostre famille,
Aimez vostre mary, reuerez ses parens
Monstrez tousiours en vous des signes apparens
D'vne femme de bien, adieu mon fils Thobie.

Sarra.

Adieu mon pere adieu.

Raguel.

Adieu Sarra m'amye.

Sarra.

Ma mere ie m'en vay, & m'en allant d'icy,
I'emporte la douleur, la peine & le soucy,
Mille & mille regrets, ores me font la guerre,
Helas i'ay si grand deuil de quitter nostre terre,
Ie regrette cest air qui m'a semblé si doux,
I'ay regret à mon pere & par sur tout en vous
Il me souuient du temps de ma petite enfance,
Lors que monstriez voir vne ferme asseurance
De m'esleuer vn iour en quelque haut degré,
Comme digne rameau, de ce tige sacré,
Cela m'est aduenu: car vous m'auez pourueue
D'vn mary vertueux, mais vous perdant de veuë

C iiij

Ie perds tout mon thresor, & vous laisse mon cœur
Pour vous porter amour, reuerence & honneur,
Ie prends congé de vous, hé! mon Dieu ie me pasme
Dans vostre sain aymé.

Anne sa mere.

Tu me desrobes l'ame
O ma chere Sarra, comment pourray-ie donc
Sans toy passer le temps si penible & si long:
Hé! ma fille, mon cœur, & que pourray-ie faire
Absenté de tes yeux qui me souloyent tant plaire.

Raguel.

Ma femme laissez la il luy faut arracher,
Sarra retirez vous:

Anne.

Quel bien me sera cher,
Si ie ne te voy plus (ô ma chere lumiere)

La Seruante.

Mon Dieu, qui vid iamais si desolée mere!
Las Madame aydez vous de vous mesme au besoing,
Le Seigneur Dieu prendra de vostre fille soing.

Anne.

O face, clair miroir de la sainte nature,
Qui pourrois illustrer vne prison obscure:
O esprit enrichy des ornements des Cieux,
O digne vermillon, ô propos gratieux,
O chaste, sage, douce & angelique grace
Qui par tes doux attraicts si doucement enlace,
Las que mes iours sans toy seront brefs & mauuais.

La Seruante.

Que ne puis-ie alleger de cest ennuyeux faix
Vostre esprit affligé, ma Dame ie vous prie,
Pensez que vostre fille estant tres accomplie
A trouué vn mary digne de ses valleurs
Qui la peut garantir de cent mille malheurs.

Couſtumiers d'aſſaillir la femme miſerable
Si ſon mary prudent ne luy eſt ſecourable,
Vous la verrez bien toſt ſelon voſtre deſir
Mere de beaux enfants (car tel eſt le plaiſir
Du grand Dieu d'Iſrael) qui veut que ceſte race
Multiplie en la terre & au ciel prenne place.

Thobie le pere & ſa femme ſe plaignent de l'abſence de leur fils.

Thobie le pere.

Maintenant que mon fils faict ſi longue demeure
Anne ma chere ſœur, ie repenſe a tout heure,
Ou que Gabel ſoit mort, qui nous debuoit l'argent
Ou que mon pauure fils malade & indigent,
Ne pouuant recouurer la ſomme qui m'eſt deue
Se plaint de la rigueur que ie luy ay tenue,
De l'enuoyer quaſi malgré luy hors d'icy:
Las mon Dieu que fais tu (mon fils) mon cher ſoucy,
Retourne à moy bientoſt ſi tu as quelqu'enuie
De ſoulager vn peu ma languiſſante vie.

Anne.

Mon amy croyez moy qu'on ne doit hazarder
Ce que l'on ayme tant il ſe faut bien garder:
Vous auez eu grand tort pour ſi petite ſomme
De ietter en danger la vie de ce ieune homme:
Helas mon cher enfant, lumiere de nos yeux
Que nous auons eſté de toy mal ſoucieux:
Sont ce de tes biens faicts les dignes recompenſes
Que de t'auoir chaſſé dehors de nos preſences,
Las ! nous t'auons cauſé tant de mal & d'ennuy
Et tu es de nos deux le baſton & l'appuy:

Tu es nostre bon heur, nostre plaisir, nostre aise
Et sans toy nous n'auons aucun bien qui nous plaise:
Nous n'auons autre espoir de la posterité
Qu'en toy nostre seul fils & t'auons irrité:
En toy nostre seul fils, nous auons toutes choses,
En l'ame de toy seul trois ames sont encloses
Et nous t'auons chassé, ah Dieu quel creue-cœur.
Te falloit-il vser d'vne telle rigueur.

Thobie le pere.

Las m'amye pour Dieu donnez vous patiences
Ne vous troublez point tant, viuez en esperance
Que nostre fils est sain, & que dans peu de temps
Il reuiendra icy pour nous rendre contens
Nous en sçaurons bien-tost quelque bonne nouuelle,
Car l'homme qui le guide est accort & fidelle.

Intermedie.

Azarie.

Ie vous laisse a penser maintenant quelle ioye
Vostre bon pere aura, mais qu'il fault qu'il vous voie
Accoustré brauement ainsi que vous voila
Que dira il de nous quand il verra Sarra.

Thobie le ieune.

Il ne la pourra voir il a perdu la veue.

Azarie.

Comment as tu desia la memoire perdue,
Ne te souuient il plus de l'horrible poisson
Qui te pensa haurir par le bout du tallon
Et que tu l'enfondras pour en tirer le foye
Tu sçais que sans cela tu eusse esté la proye
Du malheureux esprit comme les sept maris
De la belle Sarra, & aussi ie te dis

Que ton pere verroit en bref temps la lumiere
Il la verra auſſi parauant qu'il ſoit guere.

Thobie.

O Dieu noſtre vray Dieu ta liberale main
Par moy rende auiourdhuy mon pauure pere ſain,
Que ton bon plaiſir ſoit o pere debonnaire.
Qu'il puiſſe contempler ceſte belle lumiere.

Anne mere de Thobie ſort de ſon logis &
auiſe venir le chien qui eſtoit party
quand & ſon fils.

Anne.

O pere tout-puiſſant m'as tu rendu mon fils,
Thobie reuient pour vray celuy qui ſans outils
Fabrica l'vniuers, a entendu mes plaintes.
Thobie deſcendez noſtre fils vient ſans fainte.

Thobie eſt conſeillé par Azarie.

Thobie mon ami eſtant en la maiſon,
Louenges l'Eternel & luy faite Oraiſon,
Embraſſes voſtre pere & luy faites hommage,
Le conſolant touſiours iuſqu'au bout de ſon aage,
Aymes-le de bon cœur & voſtre mere auſſi,
Vous ſouuenant touſiours du dueil & du ſouci,
Qu'ils ont ſouffert pour vous le long de voſtre abſence.
Et tant que vous viurez, que voſtre cœur y penſe.

Thobie le ieune.

I'ay cela engraué au profond de mon cœur
Et pluſtoſt vn orage ou vn nouueau malheur,
Tombe deſſus mon chef ou bien pluſtoſt encore

Le soulphre qui tomba sur Sodome & Gomore:
Me vienne acrauanter, que de desobeir
A mon pere, à ma mere, i'aymerois mieux mourir.

Azarie.

Ayant donc embrassé, humblement vostre pere
Prens moy de ce fiel pour l'oster de misere
Et tout incontinent luy en frotes les yeux
Car ie veux desormais qu'il contemple les Cieux.

Thobie le pere se fait conduire par vn seruiteur au deuant de son fils.

O pere des humains si i'auois milles langues
Ie ne pourrois assez te rendre de louanges
Approche toy mon fils baise moy mon support
Puisque ie te revoy ie ne crains plus la mort.

Anne.

O Seigneur Tout-puissant voila mon fils Thobie
Sus sus accole moy, vien donc ie te supplie
Que ie te baise encor, & toy grand messager
Qui as conduit mon fils sans encourir danger,
De grace conte nous quelque bonne nouuelle
Comment vont nos parens Sarra comment vit elle.

Azarie.

Madame vostre fils vous en racomptera
Et dedans peu de iours vous y verrez Sarra.

Thobie le ieune.

Mon pere permetez si ie merite grace,
Que ie contemple vn peu vostre benigne face:
Sees vous tant soit peu, O moteur eternel,
Qui auez tant donné de vertu à ce fiel

Faites que ce morceau aye telle energie
De restaurer les yeux à vostre humble Thobie
C'est vostre seruiteur, faites cela pour luy
Car il y à quatre ans qu'il souffre de l'ennuy.

Thobie le pere reçoit
la veuë.

O Soleil radieux, ô lumiere celeste
Puis que ie te reuoy plus rien ie ne regrette
Maintenant que mon fils mon support mon soustien
Se presente à mes yeux, qu'on donne de mon bien
A ce grand messager, la meilleure partie
O vray Dieu d'Israel, mon ame vous benie
Vous m'auez chastié pour mon iniquité,
Puis m'auez deliuré de la captiuité
Des sacrileges mains, du Tiran d'Asirie,
Me conduisant icy en ma chere Patrie
Sus donc tout maintenant louengeons le Seigneur,
Tous tous d'vn cœur entier chantons à son honneur
Vn Cantique nouueau pour tant de benefices
Qu'auons receu de luy çà que nos excercices
Publient sa grandeur par toutes regions,
Accourez venez tost estranges nations
Confesser son saint nom, car il faut recognoistre
Que le Dieu d'Abraham est le Souuerain maistre.

CANTIQUE DE THOBIE.

CHantons vn Cantique
Au Dieu Triomphant
Qui nous à rendu
Thobie nostre enfant.

Nations estranges,
L'ouez en tous lieux,
Celuy qui d'vn rien
Compofa les Cieux.

O Dieu noftre pere,
Heureux eft celuy
Qui en ton faint nom,
Fonde fon appuy.

Thobie le pere.

Apropos mon enfant mais que donnerons-nous
A voftre meffager, parlez, qu'en dites-vous,
Le moyen de pouuoir ceft homme fatisfaire
Dites donc vous fongez.

Thobie le ieune.

Mon pere quel falaire,
Quand pour moy ie ne puis aucunement penfer
Pouuoir fi grand loyer iamais recompenfer
Ie ne fcache rien digne auprés des benefices
Que i'ay reçeu de luy, & tant de bons offices
Il m'a premierement preferué d'vn poiff,
Antidote tres feur de voftre guarifon
Il m'a fait efpoufer chofe, vrayment diuine,
Ma coufine Sarra, me gardant de ruine
Mon oncle Raguel en rend grace au Seigneur
Car il l'a deliuré d'vn extrefme malheur
Sans luy i'euffe couru vne grande fortune
Puis il alla tout feul recepuoir la Pecune
Que nous deuoit Gabel, bref il eft gracieux,
Par luy vous reuoyez le bel afpect des Cieux,
Par luy nous auons tant de biens & de cheuance,
De chameaux de moutons, de tout en abondance
Que c'eft merueille à voir mais tout cela n'eft rien,

Au prix de ma Sarra, en qui gist tout mon bien
Vous la verrez bien-tost & bien accompagnee.

Thobie le pere.

Mon enfant Dieu vous donne vne heureuse lignee
Neantmoins dites moy que luy donnerons nous,
Anne venez ici parlez qu'en dites vous
Aduisons maintenant de contenter cest homme
Car il merite bien vne notable somme.

Anne.

Donnons luy iustement la motié de nos biens,

Azarie.

Non non ie suis content ie ne demande riens,
Mais benissez toufiours le grand Dieu qui ordonnes
Des Anges alentour dés deuotes personnes,
Racontes en tous lieux combien il est puissant
Pour punir le meschant qui le va offensant,
De son œil tout voyant il a veu ton aumosne,
Le ieune, & l'oraison font vollees en son trosne,
L'aumosne pour certain deliure de la mort
Ceux que desia l'enfer embarquoit en son port,
Alors que tu priois auecques forces larmes
Tu brisois les efforts des infernalles armes,
Et quand tu enterrois ceux qui estoient otcis,
Les emportant de nuict, pour toy pour toy ie fis
A mon maistre & Seigneur ton humble sacrifice,
Qui à recompensé vn si notable office,
Tu as pleu à ses yeux t'esprouuant comme l'or,
S'esprouue en la fournaise, mais ie te dis encor:
Qu'il m'a cy enuoyé pour te rendre la veuë,
Et deliurer Sarra qui eust esté perdue:
Mon nom est Raphaël qui conduicts en tous lieux
Ceux qui vont reuerant le Monarque des Cieux,
l'assiste en son parquet & suis vn des sept Anges,
Qui entonne à son nom mil & milles loüanges:

Paix soit auecques vous & ne craignez iamais
Le seruant de bon cœur vous aurez touisours paix,
Il sembloit à me voir que ie beusse & mengeasse
Mais mon boire & manger n'est veu d'aucune face
Des hommes d'icy bas, benisses touisours Dieu
Racontant ses hauts faicts en toute place & lieu.

Azarie disparoit.

Thobie le ieune.

Que diront maintenant les peuples estrangers,
En oyant racompter qu'au milieu des dangers
D'vn voyage lointain, vn Ange debonnaire
Ma mené ramené sain & sauf chez mon pere,
Que penseront ils lors entendant qu'vn Dæmon
Chez ma chaste Sarra à eu tant d'abandon
D'estrangler sept maris & n'a eu la puissance
De toucher à son corps pour luy faire nuisance
Que diront-ils encor quand ils auront apris,
Qu'vn horrible poisson sortit dehors ti gris:
Pour m'engloutir tout vif, & ne me fit dommage,
Et que mon cher patron auquel ie dois hommage:
N'auoit veu nullement l'espace de quatre ans
Voit ainsi qu'il faisoit en son ieune Prin-temps,
Pourront ils effacer ces faicts de leur memoire
Non non à touisours mais ô grãd Dieu plain de gloire,
Chacun vous benira, & moy en tous endrois
Ie vous recognoistray souuerain Roy des Rois.

Finis coronat opus

POVR EMPLIR CES
QVI RESTOYENT
vuides, a esté adiousté cest Hymne de
la Sacree Mere de Dieu la
Vierge Marie.

A Toy Mere de Dieu, à toy Vierge pudique
Oseray-ie chanter vn Hymne ou vn Cantique?
La pieté m'epoint, mais le feu languissant
Que ie sens peu à peu dedans mon sein glissant,
Rabaisse & attiedit du feu diuin l'amorce,
Et sens bien chanceler dessouz le poids ma force.
   Si veux-ie neantmoins or en faire l'essay,
,, Celuy qui bien commence a ia plus qu'auancé
,, La moitié de l'ouurage: Or doncques Vierge Sainte,
Dresse moy viuement l'Ame d'ardeur atteinte:
Fay naistre dans mon cœur des vers d'amour tous
       pleins,
Fay ie te pry couler sur ma langue mots saints.
   Le Courrier enuoyé du haut Ciel Empiree
Par le vague de l'air a toy Vierge epuree
Glisse tout doucement, & te vient entonnant
En l'oreille la voix de l'Eternel Tonnant,
Lors soudain tu conçois dedans ta conscience
Et au cœur & au corps vn enfant sans semence,
Le Verbe & la raison que le premier mouuant
Eternellement va dedans soy conceuant,
En ton ame est conçeu, & dedans ton pur ventre

Est meu celuy qui meut la Sfere au tour du centre;
Cestui-là qui bastit par son commandement
Le grand Ciel azuré, & qui fait rondement,
Les Astres caroler le feu sur l'air enserre,
L'air epars dessus l'eau, & l'eau dessus la terre:
Le Dieu qui tout comprend & de nul est compris,
Est infini enceint dans son chaste pourpris.

   Et puis estant conçeu de ta chair nette & pure
Se fait en son giron son habit & vesture,
Et par neuf mois entiers par l'esprit saint enclos,
Voulut estre porté dedans ton ventre clos,
Qui du tout accompli, luy sur tous debonnaire
Soudain sortir au iour de sa Tente ordinaire;
Et la Lumiere vraie en la lumiere issant
Comme vne lampe claire alloit resplendissant:
O combien le pouuoir du Troisfois grand surpasse
Nostre capacité humaine fraille, & basse!
Celuy qui est tousiours, Fils sans mere Eternel,
Incontinent sortir du ventre maternel.
Adam sans mere fut, & sans vn charnel pere;
Aiant Dieu seul autheur qui seul le voulut faire:
Eue sans mere aussi epouse fille & sœur,
De cet homme premier à la croire mal sœur:
De ces deux mariez, toute l'humaine engeance
Vient par conionction & par fil de semence.

   Mais Iesus nostre chef sans mere est Fils de Dieu,
Et sans Pere homme fait en ton saint ventre a lieu;
Et toy par ce miracle, & nouuelle naissance
Du nom de mere, Epouse, & fille as iouissance,
Le premier homme fat de terre terrien,
Le second fut du Ciel Celeste Etherien.

   Adonc hors des moutiers les antiques Deesses
S'enfuirent soudain par les ombres epesses

Du tenebreux Enfer & les chastrez Gaulois
Ne feirent plus hurler en Dindime leur vois
Et de tabours tonnans plus les monts ils n'estonnent
Ni du buis embouché plus suryde ne sonnent:
Plus les lions gemeaux ne s'assemblent au frein
Pour dedans vn Char feint emporter par l'air vain
Ia grand' mere des dieux & leur Dame Cybelle
Auecques meinte Tour haute, puissante & belle:
Plus on ne va cherchant auec brulans flambars
Proserpine rauie aux infernalles parts:
Plus la Royne Venus des Putains plus insines
N'accouple souz le ioug ses deux paphiens Cynses
Plus ne va secouant Pallas dedans sa main
De Meduse le Chef en son bouclier d'erain:
Et plus les Cerfs ne suit Diane entarquoisee,
Auec meute de chiens aux forests exposee:
Plus ne portent Iunon dans les Etherez Cieux
Ses deus Paons attelez qui reluisent tous d'yeux,
Alors qu'elle va voir Samos sa Cité large,
Où les toits eleuez de sa haute Carthage:
Plus son Endimion souz les cieux estelez,
Ne trauaille Phebé auec beufs attelez:
Plus on n'adore lors des dieux aucune Epouse
Fille, mere ni sœur, ni amante ialouse:
  Plus ne fument les feux aux incestes) Autels
Aux vains dieux tous forgez par les hommes morteïs
Nul Idole trompeur, ni Deesse inuentee
Ne se void plus alors aux peuples apportee.
Nulle Prestresse lors de sa Deesse plus
Au Temple va fichant les Estendars exclus
Au lieu de Char de Paons de Gorgone tranchee
Des Lions Affricains, & de corne embouchee,
Au lieu de buis retors, & des enflez tabours
Et des hurlantes voix & des superbes tours

Au lieu de ces flambars ardans de poix-raisine
Que vainement iadis allumoit Elusine :
Au lieu des Cynes blancs & des Ciprins colombs
Au lieu des Dogues noirs d'vne Hecate à trois noms,
Auiourdhuy le Courrier & l'Ange l'on contemple
L'Ange du haut tonnant luisant dedans meint temple
Enuoyé du coupeau de l'Olympe estelé
Et trauersant les Cieux auec son vol ailé :
Lequel reluit orné de robe belle & hanche
Qu'vne boucle d'azur luy ferme sur la branche,
Dont la frange & le bord est tout d'or rayonnant
La Capeline on void son chef enuironnant
Et dans sa dextre main plus blanche que l'yuoire
A les beaux lis entez de nos grands Rois la gloire,
Qui s'adressant à toy dedans ton Cabinet
Ou dans le liure ouuert sur le poupitre net,
Vas lisans les beaux faits des saints peres antiques,
Te salue humblement de ces mots pacifiques
    La paix te soit Marie ô vaisseau plein par foy
Des Charitez du Ciel, le Seigneur auec toy,
Se repose & s'ebat : entre la compaignie
Des Dames de vertu es heureuse & benie,
Et le fruit de ton ventre est heureux & beny
Iesus-Christ le grand Roy l'homme auec Dieu vni
Certes seule & secrette en ta couche posee
Tu t'estois maintefois dormie & reposee,
Ou emploiant tes mains à l'œuure d'vn tissu
Ou remploiant d'Esprit cela qu'auois conçeu
Le iour quand tes beaux yeux puisoient aux sainti
      Oracles
Des Profetes Hebrieux les secrets & miracles :
Car vn voile pourpré n'alloit enueloppant :
Iusqu'aux greu eston corps, & n'alloit point frapant
Ton dos blanc & poli le carquois des sagettes :

On ne voyoit mouuoir tes pommes rondelettes
Soûz la guimple dougee, ainsi comme aux deux vets
Les ondes & les flots se vont entre-suiuans.

   De Ceres les toisons de couleur Tirienne
N'ornoyent tes membres purs, & la perle Indienne
Ni la gemme cueillie au riuage Erithré,
Ni l'exquis or d'Ofir en carcan accoustré
N'estinceloit autour de ta gorge yuoirine:
Le scoffion emperlé, ni la coeffe d'orfine,
Ni les cheueux crespez, ni retors, ni floris
Ni faits comme aillerons d'vne Chauuesouris
N'ombrageoient point ton chef, & ta face vermeille
N'empruntoit la couleur à la Rose pareille
D'vn vain fard destrempé, & sur tes yeux benins
Par art tu n'auois fait deux sourcils ebenins:
L'anneau ne pendilloit à l'oreille percee
Auec la grosse perle en la bague enlacee,
Tu n'auois point les bras de brasselets liez,
Ni les doigts encerclez d'anneaux d'or repliez:
Ni les gands parfumez couuroyent tes mains diuines
Plus blanches que les lis ou les veines rosine
Comme petits rameaux de corail vermeillet
S'espandoient çà & là, ou comme on voit l'oeillet
De son tige fourcher en meints sions & branches,
De pommade ou sauon ne les rendoit plus blanches,
Et le musc, l'ambre gris, l'onguent castorien
Ciuette, ni parfums ne te plaisoyent en rien.

   Mais en simplicité d'vne robe bien simple
Tu t'afflubois le corps, & d'vne belle guimple
Estoit voilé ton chef, comme à virginité
Et à ton ame il sied iointe à la Deité
Là dessus t'ombrageoit pour vn digne habitacle
Le rond encourtiné, & diuin Tabernacle
A ton cœur agraffé, & ta sainte liqueur

Du doux huile secret diſtilloit en ton cœur,
Faiſant flamber ta Lampe au ſacraire de l'Arche
Deuant la majeſté du ſouuerain Monarche.
Les diuines odeurs & les parfums entiers,
Dont les Courriers du Ciel embaſment leurs ſentiers,
Ne te deffailloyent pas, & ta face arrouſee
Des goutes de l'Ether & diuine rouſee
Luiſoit touſiours plus belle, & ton rouge & pur ſang,
Aucunement ému faiſoit ſembler plus blanc
Le reſte de ton teint, où deux prunelles nettes
Drilloient ainſi que ſont deux luyſantes planettes :
Et la belle rondeur de ta bouche aſpiroit
Les vers doux & ſacrez, qu'en ton cœur reſpiroit
L'eſprit des ſaints Amours, qui ton ame Profete
Faiſoit viue mourir, & ta voix interprete
Du Verbe enté dans toy le Fils de Dieu treſcher
Qui dans ton ſaint pourpris voulut eſtre fait chair
Lors la ſainte fureur en ta poitrine infuſe
Feiſt produire & chanter ce cantique à ta Muſe

ALLVSION DE L'ANGE
Raphael Conducteur de Thobie &
de Raphael l'Imprimeur.

R Aphael fit au bon Thobie auoir
   Des yeux du Corps l'vtile medecine,
Et Raphael icy vous a fait voir
Ce qui les yeux de l'eſprit illumine.

EXTRAICT DV
Priuilege du Roy.

PAr lettres patétes du Roy données
à Rouen le quatriéme de Feurier,
mil cinq cens nonante sept Signées par
le Roy estant en son Conseil. Mauguin.
Et seellées du grand seau en cire iaune
sur simple queuë. Il est permis à Raphael du Petit Val, Libraire & Imprimeur
ordinaire du Roy en la ville de Rouen,
d'imprimer ou faire imprimer quelques
discours & Recueils, tant en Prose qu'é
Poësie, de plusieurs sçauans hommes de
ce temps, non encores imprimez, ainsi
qu'il est plus amplement contenu audit
Priuilege. Et faisons defences à tous
autres Libraires & Imprimeurs de ce
Royaume, d'imprimer lesdites œuures,
n'y exposer en vête, tát en public qu'en
particulier, côtre la teneur des presen-
tes, pendant le têps & terme de dix ans,
sur peine de cinquante escus d'amende,
despens dômages & interests, côme plus
à plain est porté esdites parétes: Et ou-
tre voulons & nous plaist qu'en mettát
vn extraict dudit priuilege, au commen-
cement ou à la fin desdites œuures, il
soit tenu pour deuëment notifié à tous
Libraires, Imprimeurs, & autres. Car
tel est nostre plaisir. Fait l'an & iour
dessusdit.